Poésiecratie

Manon Hermet

Poésiecratie

© 2025, Manon Hermet

Correction :

**Laurence Meynadier
Hugo Bon**

Toutes les images de ce bouquin ont été générées à partir d'une intelligence artificielle.

Tous droits réservés pour tous pays. Toute reproduction de ce livre, même partielle, par tout procédé, y compris la photocopie, est interdite.

Édition : BoD · Books on Demand, 31 avenue Saint-Rémy, 57600 Forbach, bod@bod.fr
Impression : Libri Plureos GmbH, Friedensallee 273, 22763 Hamburg (Allemagne)
Dépôt légal : Mai 2025

ISBN: 978-2-3225-9576-1

Remerciements

Je voudrais remercier tous ceux et celles qui m'aiment et me soutiennent tous les jours de ma vie. Merci à ma famille, à mes amis les plus précieux ainsi qu'à ceux que j'ai aimés et qui m'ont beaucoup inspirée. Merci également à tous ceux et celles qui me portent dans toutes mes démarches, qui continuent à m'encourager contre vents et marrées. Je vous aime à en crever.

L'existence précède l'essence.

J'ai commencé ma vie comme je la finirai sans doute : au milieu des livres.

Jean-Paul Sartre

Partie I

Journal intime d'une torturée de l'esprit.

L'angoisse est la disposition fondamentale qui nous place face au néant.

Martin Heidegger

Elle divague, ma santé mentale
Sans attache, je m'évade
Mon cœur meurtri, décimé
Des chrysanthèmes sur des tombeaux

À croire que l'on se soigne par l'écriture
À s'en arracher le cœur
À en mourir d'amour
Jusqu'au plus profond de notre être
Par-delà les états d'âme

Et quand bien même ils me feraient du mal
Je ne me vengerai point
Je crèverai la main sur le cœur
Pour rester digne jusqu'au paradis
S'envoleront avec moi tous les maux, les traumatismes

Puis elle tomba dans les abysses
Sans jamais s'en rendre compte
Elle cherchait un peu d'aide
Une main tendue vers l'infini
Une petite étincelle mortelle

Ma plume est mon arme la plus précieuse
Et dans mes élans de bravoure ou de peine
J'écris ce que mon cœur me dicte
Je ne cesserai jamais de rédiger ces vers

Elle me tourmente
Cette douce mélancolie
Dans la pénombre de mon âme
Je la regarde s'installer tendrement
Quand finira-t-elle par me laisser tranquille ?

Mes démons se cachent
Dans les recoins de ma conscience
Et dans mes sommeils infinis
Je les entends me hurler
D'enfin les exorciser
Pour retrouver leur liberté

Ne me demande plus
D'exorciser mes démons
Car dans les cieux
Les anges sont tous déchus
Alors dans cet ultime combat
J'espère un jour retrouver la lumière
Et passer de l'autre côté
En ayant le cœur apaisé
Et l'âme en paix

Ne me demande plus
D'aimer tes vices
Car notre amour s'est effacé
Depuis bien longtemps
Et maintenant, j'ai grandi
Sans toi pour me faire souffrir

Ne me demandez plus
D'être normale
Parce que ma différence
Je l'aime à en crever
Et je danse dans les étoiles
Loin de la Terre
Et de ses horreurs

Elle sourit à la lumière
Et décroche les étoiles
Fumant sa cigarette sur la Lune
L'espoir englobe son âme
Elle renaît de ses cendres
Tel un phénix torturé
Mais pourtant bien vivant

Personne ne veut de mon âme
Peut-être est-elle trop sombre
Ou bien trop bancale, trop torturée
Aurais-je le droit à l'Amour un jour ?
Ou suis-je condamnée
À brûler de l'intérieur
De ce trop-plein d'amour
Débordant comme un océan

J'ai le cœur qui saigne
Dénudé de sangtiments
Face à ces maux d'horreur
Et les flashbacks qui reviennent
Je te faisais confiance
Mais tu m'as tuée tendrement

Parfois j'étouffe
Je me sens vide
Plus rien n'a de sens
Et j'ai peur
De quoi, je ne sais pas
Pourtant même mes pires démons
Ne sont pas rois de mes Enfers
Et dans ma tristesse
Je m'enferme
Et je me laisse partir
Loin de ce paradis
Mais quand vais-je guérir
Sortir la tête de l'eau
Ne plus périr
Ne plus survivre
Juste vivre
Vivre à en crever

Maintenant je choisirai toujours la solitude
Ce sont souvent les personnes qu'on aime le plus qui nous déçoivent
Dans ces tendres trahisons
La vérité ne sort jamais
Et les cœurs s'effritent
La confiance se perd
Dans les abysses
Et plus rien n'est pareil

Quand je suis mal en point
Je me renferme dans mes pensées
Le cœur vide et l'âme en sang
Je me renferme sur moi-même
Et je préfère la solitude au regard
L'angoisse monte et je me sens tomber

Je pensais qu'accorder ma confiance
Était quelque part une forme de courage
Quelque chose de l'ordre de l'espérance,
de la foi
Se sentir en sécurité avec les âmes
Pourtant, ce sont toujours ceux qu'on aime
Qui nous trahissent le plus, qui nous
déçoivent
En se dévoilant comme nos pires démons
Comme nos traumatismes les plus clairs

C'est trop, je n'en peux plus
Je n'arrive plus à comprendre
Pourquoi je dois soigner tous mes traumatismes
À cause de ces gens qui m'ont totalement détruite
Et pourquoi eux vivent leurs meilleures vies
Dormant tranquillement sur leurs deux oreilles
Sans se soucier du mal intentionnel qu'ils ont fait
Parfois, je me demande vraiment à quoi bon
Continuer dans un monde aussi injuste
À quoi bon tenter d'embellir ces cicatrices ignobles
À quoi bon pardonner, toujours pardonner
Lorsque l'impardonnable a été commis plus d'une fois
S'il existe un quelconque dieu
J'aimerais qu'il entende mes prières
Celles de vivre le cœur et l'âme apaisée jusqu'à mon heure fatale

Les gens me font peur
Alors je m'isole dans mes pensées
Je m'écarte de leurs chemins
Comme pour rester dans ma bulle
Ne plus exister dans cette société
Garder ce côté marginal

Ces voix dans ma tête, elles me passent des messages
Dois-je les croire ou bien esquiver ?
Elles hurlent si fort que ma tête explose
Je me sens tellement épuisée
Dois-je croire en ce don ?

Vous n'imaginez pas Ô combien cela me torture l'esprit
Mes émotions sont orages et mes sentiments tempêtes
La tête dans les nuages, je saute de la falaise
Vais-je atterrir en sécurité ou vais-je me laisser couler ?
Cette souffrance m'accable tant elle est présente
J'aimerais qu'elle s'arrête tendrement

L'amitié ne demande en retour que de
l'amitié
Et pourtant, certains s'en vont
Comme s'ils ne nous avaient jamais connus
Du jour au lendemain, plus de nouvelles
Ces personnes nous laissent dans la
détresse
Celle de se retrouver une nouvelle fois face
à cette solitude

Tous ces flashbacks
Tous ces cauchemars
Je me noie dedans
Je coule lentement
Mais je ne peux rien
Rien faire pour remonter
Il me faut une main tendue
Un coup de pouce fatal
Pour soigner mes traumatismes

Ce n'est plus la peine
Mon être se fend
Mon âme est en cendre
Et moi dans tout ça
Je ne compte plus les jours
Où mes larmes ont coulées
Mes envies d'abandonner
Pourtant je reste
Mais pourquoi je reste ?

Un jour de pleine lune
Ton regard a croisé le mien
Nous étions deux à souffrir
Mais deux à se soutenir
Nous deux contre nos démons
Mais nous deux à se battre

J'ose espérer qu'un jour saint
Je ne serai plus l'ombre de moi-même
Que la lumière viendra m'éclairer
Tel un miracle de Dieu
Seulement, j'attends toujours mon heure

Je ne compte plus les fois où je m'évade
dans les étoiles
Peut-être est-ce une peur d'être de trop ou
juste trop
Trop sensible, trop gentille, trop différente
À en croire que ce qu'on définirait comme
des qualités se transforment en défauts à
partir du moment où elles débordent dans
mon cœur
Ma sensibilité finira par me tuer
Mais comment, comment devenir
insensible, ne plus ressentir absolument
tout
Ce serait tellement plus facile

Je suis vide, vide de tout, rien qu'une coquille vide
Je ne ressens plus rien, le néant m'envahit alors je pars, je m'évade dans les étoiles ressentir ce que j'ai pu ressentir dans ma vie, la joie, l'amour, la colère, la tristesse et j'en passe
Je ne connais plus ces sensations, elles me sont à la fois jumelle et inconnue
Je me demande toujours à quel moment ça a merdé, à quel moment j'ai préféré rester dans les étoiles plutôt que les pieds sur Terre
J'ai beau chercher au fond de moi je ne trouve plus, plus rien
C'est le vide intergalactique en moi, la fin du monde
La fin de mon monde

Je sens mon être désemparé
Et ma joie de noir, se teinter
Pourtant je suis toujours vivant
À chercher la moindre lueur d'espoir
d'argent

Mon diable ne s'habille plus en Prada
D'une cape noire il est vêtu
Tel un vampire
Il vient se tapir sous mon lit
Se balade dans mes mauvais rêves
Absorbe mon bonheur
Je suis sur l'autoroute des enfers

Je cours après la mort
Comme certains courent après la vie
Je trouve cela injuste
Pourtant je n'arrive pas à faire autrement
J'aimerais tant m'en sortir
Ne plus souffrir
Ne plus survivre

Je nage à contre-courant
Le vent dans le dos
La tête dans l'eau
Je vais de l'avant
En ayant quitté le radeau
Je ne vois plus la fin
Car le temps est assassin

Partie II

Cœur en vrac.

Tout cœur qui n'est pas brisé n'est pas un cœur.

Frédéric Beigbeder

Cette sensation étrange m'envahit
Ces milliers d'étoiles me rappellent
tendrement
Ton doux visage dans de beaux draps
Et des amours perdus dans les cieux

Mon ange tu t'égares
Ne regarde pas en arrière
Tu perdras tes ailes
Dans un vaste océan
Où la lumière fut

Sous ce ciel étoilé
Brisons le silence
Je brûle d'impatience pour toi
Et toi attendras-tu pour moi ?

« Je t'aime à en crever »
Si seulement j'osais te le dire
Nous serions heureux
En s'aimant jusqu'au sang

Un beau jour, tout mon univers
S'est construit au creux de ton cœur
Comme on construit sa vie
À en finir complètement fou
Et puis tu es parti
Tel un oiseau migrant
Vers d'autres rayons de soleil

J'aurais tout donné pour toi
Mais tu n'as rien vu
Pendant des années
La lumière s'est éteinte
Dans nos petits cœurs
Sans jamais se rallumer

Le voleur de mon cœur s'est enfui
timidement
Il est parti avec mon âme sans état d'âme
Et maintenant il ne me reste plus que des
miettes
Puis des larmes coulant sur mes joues pâles

J'ai observé dans ses yeux
Toute la splendeur du monde
Et un ciel étoilé aux mille lumières
Dans son cœur tout ardent
Alors partageons ce temps pour l'éternité

J'y pensais, la gorge nouée, le cœur en vrac
À notre amour perdu dans le temps infini
Et à la folie des grandeurs suspectes
Puis je l'ai trouvé, aussi brillant que le soleil
Il a rempli ma vie de poussière d'étoiles et d'espoir

Il me regarde avec amour
Et dans ses yeux se distinguent
Des milliers de lueurs d'espoir
Il fait renaître en moi la foi
Cette foi en ce monde
Que j'avais perdue
Depuis si longtemps
Il est tout un univers
Mon univers

Il savait dessiner mes formes
Et caresser mon visage d'ambre
Il était un magicien des ombres
Chassant le peu d'amour en lui
Entre espoir, souffrance et haine
La flamme de notre histoire s'est éteinte

L'univers entier s'est effondré
Lorsque mes larmes ont coulé
Quand notre amour s'est effacé
Et toi qui danses dans les étoiles
N'as-tu pas vu les anges qui se dévoilent ?

J'en ai des frissons
Lorsque tes mains m'effleurent
Et dans mon cœur
Se crée un monde parallèle
Où toi seul est mon héros

Il ne saura jamais
À quel point je l'aime
À en devenir folle
À en consumer
Les dernières cendres
De mon cœur épuisé

Il y a des sentiments inavouables
Ceux qu'on ne soupçonne pas
Et puis un regard suffit
A comprendre que ce n'est que le début

À l'ombre des magnolias j'y trouve ton visage et ma joie s'intensifie
Ton regard d'ange me témoigne de l'amour qui se faufile dans nos cœurs marbrés
Je t'aime car mon bonheur réside au fond de ton cœur et parce que de toutes les étoiles tu es la plus pétillante, la plus brillante
Te rencontrer est la meilleure chose qui me soit arrivée

Comment te dire « je t'aime »
Quand mon cœur s'effrite
En des milliards de morceaux
Comment te dire « tu me manques »
Quand tes bras entourent le corps d'une autre
Et que tes lèvres se posent sur les siennes
Comment ne pas te détester tendrement
Quand nos souvenirs ne deviennent que poussière
Et que nos chemins ne se croisent plus

Je ne pensais pas, un beau jour
Tomber dans les roses pour l'impossible
Mais mon cœur, tellement sensible
S'est pris au jeu de séduction
Il est mon éclat de lumière
Dans mes jours sombres
Ma tentation la plus profonde

Mes désirs inavouables
Se fracassent contre mon crâne
Et mon âme frôle l'ataraxie
Je crois que je suis sous le charme
Pourtant cet amour est défendu
Punis par les dieux de l'Olympe

Je ne peux m'en empêcher
C'est le sentiment le plus fort
L'illusion la plus coupable
Le diable sait à quel point
Je suis séduite par son aura
Sa sensualité bien cachée

Encore un regard et je m'effondre
Puis si demain, tu t'en vas
Je te promets de sourire encore
Profitons du temps qu'il nous reste
Nous ne subirons plus le passé
Alors n'oublie jamais que je t'aime
Nous vivrons, je te le promets

J'essaye de croire allègrement
Que demain sera un jour meilleur
Que les roses fleuriront dans ma vie
Que l'amour naîtra dans mon cœur
Mais aussi dans celui d'un autre
Pourtant tout ça n'est qu'illusion
Mes larmes coulent de ses yeux
Et dans mon monde parfait
Lui et moi sommes réunis
Nous deux contre le reste de l'univers
Je t'aime

Il y a des nuits érotiques
Puis des jours d'amour
En un regard, tout s'illumine
Ses yeux si poétiques
Ses mains sur mon corps glamour
Une montée d'adrénaline
C'est le début d'une histoire épique

Parmi les milliards d'étoiles
Tu es celle qui scintille le plus
Ton âme si belle me protège
Tu vivras éternellement dans mon cœur
Si tu savais à quel point tu me manques
Je t'aimerai jusqu'à la fin de mon existence

A

J'admire mon poète de nuit
Lorsque ses mots de tendresse
S'entrechoquent avec les miens
Cela forme des milliers de lueurs d'espoir
Puis un amour improbable est né sous les étoiles
Ma notification préférée de mes journées
Mon rayon de soleil dans mes jours d'orage
À travers le temps mon cœur s'éprend
Mon âme s'apaise et ma joie revient

Elle était ma muse
La plus belle créature
Que le monde ait connu
Dans sa chevelure
Des roses écloraient
Et son sourire radieux
Portait l'espoir d'une vie
Dans ses yeux teintés de bleu
On pouvait apercevoir le monde
Un arc en ciel de bonheur

Ne me rappelle pas ce soir
Je te dirai non
Je n'ai pas le moral
Celui de t'écrire, de te parler
Et puis tu m'as trompé
Laissée couler dans l'océan
Notre histoire n'avait-elle donc aucune valeur ?
Pour que tu ailles te blottir dans d'autres bras
Comme pour m'achever une dernière fois

Un jour sous un beau ciel étoilé
Je t'ai rencontré, tu m'as souri
Puis j'ai eu le coup de foudre
Nous nous sommes retrouvés
Allongés dans l'herbe
À regarder les étoiles
Et toi me regardant
Avec admiration et bonté
Je t'ai aimé si longtemps
Pourtant je te laisse partir
Vivre ta vie merveilleuse
Être heureux
Je te le souhaite
Du fond du cœur

Mon tour du monde je le fais dans tes yeux
Mes rêves grandissent sur tes lèvres
Et mon amour s'infiltre dans ton cœur
Dis-moi que tu m'aimes
Je ne fuirai plus
Je te le promets

Dans ma solitude
Je pense à toi
À notre amour perdu
À ces deux belles années
Tu manques à ma vie
J'espère te retrouver au Paradis

J'aime tes petites manies
Ce petit rictus au coin de tes lèvres
Le teint de ta peau au soleil
Et la beauté de ta personnalité
Il n'y a pas plus belle œuvre d'art
Que tes yeux verts à la lumière

Je t'ai aimé avec un cœur en panne
Avec un cœur en manque
Et toute ma vie j'ai tenté de combler
Ce vide intense en moi
Mes larmes coulent lorsque je pense à toi
À nos doux souvenirs ensemble
Main dans la main, seuls face au destin

Au fond de mon cœur se cache une partie
de tous ceux que j'ai aimé
Des fins sentiments toujours présents afin
de ne pas oublier
À quel point l'amour est important dans
nos vies
Et à quel point il nous construit, nous
façonne pour l'éternité

Partie III

Espoir étoilé.

Le poète fait abstraction de la réalité, alors, ce rêveur compte les étoiles et va même jusqu'à les imaginer.

Giacomo Bardi

Il y a des musiques
Rattachées à des souvenirs
Qui font vibrer nos cœurs
Et transforment nos êtres
En des âmes de joie et d'espoir

C'est une ode à mes proches
Eux qui ne m'abandonnent jamais
Eux qui me sourient sans cesse
Eux qui sont là dans les moments de désespoir
Eux qui m'aiment même si
Je vous aime jusqu'à mon dernier souffle
Et encore au-delà

Il y a de l'espoir dans mon être
Cette petite lueur qui scintille
En dit long sur mes envies
Celles de vivre
Celles de profiter
Celles de respirer l'air frais de la montagne
Celles de tout simplement exister
Dans ce monde qui peut aussi être
merveilleux

Quand les oiseaux chantent
Mon ciel s'éclaircit
Et lorsqu'ils volent majestueusement
Mon cœur s'apaise
J'aimerais prendre mon envol
Partir loin dans les contrées
Parcourir le monde
Le sac à dos rempli
Puis parcourir le paradis
L'âme en joie

Ô Douce lumière
Qu'as-tu fait à mon côté sombre ?
Je ne le sens plus
Comme si l'enfer m'avait quitté
Comme si un miracle s'était produit
Je me sens calme
Flottant dans les airs
Divaguant sur un océan d'éclats
La vie est si magique
Que la mort ne m'effraie plus

Je pardonne à ceux qui m'ont détruite
Pourtant, je n'oublierai jamais
Je resterais forte
Pour vous montrer que je me battrais
Encore et encore
Sans jamais abandonner
Je vaincrais ces traumatismes
Je vous le promets

Ma galaxie m'envahit
M'absorbe dans la voie lactée
Et je suis en apesanteur
Loin du monde, loin des horreurs
Le cœur bien protégé
Prête à affronter une nouvelle épreuve
Découvrir d'autres planètes
D'autres rêves
Et songer à se réveiller
Redescendre des étoiles
Et garder les pieds sur Terre

Ivresse de mes nuits
Sobriété de mes jours
L'alcool dans le sang
Tu étais mon tendre ami
J'ai fini par t'étouffer
T'écarter de ma vie
Car ton goût, ton odeur
Ne s'accorde plus à mes valeurs
Je te quitte pour toujours
Sans regrets, sans remords

L'orage dans mes yeux
Le corps en feu
L'éclair a encore frappé
Mon cœur disjoncte
Le courant ne passe plus
Et je sens mon âme partir
L'espoir d'une nouvelle vie
Renaît en ma foi

Je soigne mes plaies
Pas à pas, j'avance
Et même les deux genoux à terre
Je me relève
La tête bien droite
La volonté dans tout mon être
Je réussirai
Et réaliserai mes rêves

Au diable les mauvaises entités qui me
suivent
Ne voulez-vous donc pas rejoindre la
lumière ?
Partir vers l'au-delà, vers la blanche lumière
Me laisser tranquillement retrouver mon
espoir

Quand je vais mal, je dissocie
Comme si mon âme était séparée en deux
Je vois tout flou et mon cerveau s'éteint
J'ai la tête dans les étoiles et le cœur ailleurs
Cependant, je garde espoir de revenir sur
Terre

Ce qui me rend folle dans l'amour
C'est qu'on a beau essayer de le comprendre
Il nous fait toujours autant tourner la tête
Et pourtant, Dieu sait que c'est une
sensation magnifique
Que d'être amoureux sincèrement

J'aime mes formes
Plus que tout
Et quand bien même
On les critique parfois
Je les aime comme elles sont

L'espoir m'envahit
Lorsque les battements de ton cœur
S'accordent avec les miens
Et j'affectionne les tourments
D'un amour scintillant

Sentiment d'apesanteur
Les fleurs de cerisiers s'envolent
Et le soleil brille de mille feux
Le printemps fait son apparition
Lentement dans nos cœurs
En emportant avec lui
Un espoir d'été magique

Tes mots sur mes lèvres
Apportent un espoir intime
Et tes mains dans mes cheveux
Laisse sous-entendre une protection
Comme un bisou sur le front

J'avais envie d'entendre ta voix
Alors j'écoute encore nos vocaux
Espérant un jour que tu reviennes
Car ton amour manque à ma vie
Et tes sentiments divaguent dans mon cœur
Je t'aime jusqu'aux étoiles, à travers les constellations

La force dans l'âme
Le cœur sur la main
Tu m'offres une nouvelle perspective
Parmi tant d'autres sans valeurs
Et si tu m'invites
À passer le restant de ma vie
Avec ton être de lumière
Je signerai pour toujours

Ma passion réside dans le Karaté
Et depuis ma tendre enfance j'exerce
Cet art martial où le respect réside
Où l'on se doit d'éviter les élans de bravoure
De perfectionner notre caractère
Toujours encourager l'esprit de l'effort
C'est toute une philosophie de vie
Qui m'inspire et me berce chaque jour
Et fait de moi une meilleure personne

Je garderai toujours ce sourire
Qui illumine la journée de ceux
Qui sont dans le désespoir et la mélancolie

De toutes les personnes que j'ai pu croiser
Tu es celle qui se démarque le plus
Celle avec qui je veux vivre ma vie

Partie IV

Memento vivere

Memento mori

Je veux vivre sans me soucier
Du temps qui passe
Aussi vite que la lumière
Vivre avec mes joies et mes peines
En harmonie dans le même cœur

La vie m'apporte tant de choses
Des souvenirs plein la tête
Je m'élance vers le Paradis
Et tes bras autour de moi
À refaire le monde
Un verre de blanc à la main

Et toute ma vie j'ai pensé
À cette mort tragique
Qui pourrait m'arriver
Si je ne vis plus que dans la souffrance
Je me promets de vivre ce que j'ai à vivre
De profiter du mieux que je peux

Elle m'inspire et m'aspire
La mort dans mon âme
Vient me rendre visite
Et tous les jours ivre de vivre
Je ne pense qu'à une chose
Ce jour fatal où je serai libérée

S'il y a la vie, il y a la mort
Mais alors pourquoi ai-je aussi peur
De la finitude de ceux que j'aime
Je ne veux plus jamais les perdre
Ça fait tellement mal
Que j'en crève également

Parfois, je trouve cette vie injuste
Car elle fait mourir les meilleurs
Ceux qui ont de grandes valeurs
Et qui transforment nos vies avec ardeur

Et quand viendra mon heure
Je me laisserai partir en paix
Rejoindre les miens
Toquer aux portes du Paradis

Je n'ai plus envie de rien
J'étouffe de ces amitiés
Où les gens ne comprennent pas

Combien sont de vrais amis ?
Combien seront là pour moi ?
Dans les pires moments de ta vie
Le plus souvent, malheureusement
Ils ne restent pas

Je fais le deuil de ces amitiés
Qui ne m'ont apporté
Que des souffrances
Et de l'incertitude
Ne pas pouvoir être moi-même
Puis me sentir couler, jugée
Je vous ai aimé
Mais je continue sans vous
Pour ma propre santé

Les épines d'une rose rouge
Se plantent dans ma peau
Et mon sang coule comme de l'eau
Pour atténuer mes peines
Mes angoisses et mes enfers

J'entends les anges me murmurer
D'accomplir ce que j'ai à accomplir
Dans cette douce vie
Puisqu'on n'en a qu'une
Je vivrai selon mes valeurs
Et mes principes

J'ai grandi en me construisant une carapace
Un cœur incassable en diamant
Et un caractère orageux

Toi
Moi
Nous
Contre la vie
Et la mort
Défions l'impossible

Ma ville me manque
Mes habitudes me manquent
Et moi je suis enfermée
À tenter de me soigner
Pour ne pas me laisser m'écrouler
Puis avoir envie de crever

C'est sur ce poème
Que termine ma vie d'avant
Celle remplie de souffrances
La nouvelle moi va éclore
Et faire son deuil